S.F.
V.

Reiner Kunze
Wohin der Schlaf sich schlafen legt

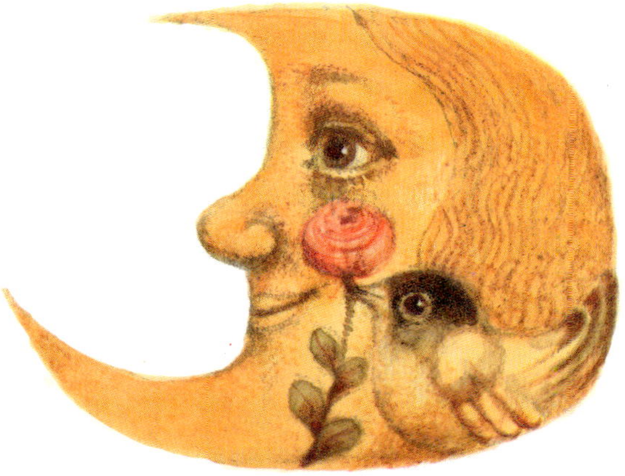

Gedichte für Kinder –
für die Größeren die einen,
die andern für die Kleinen

Mit Illustrationen
von Karel Franta

S. Fischer

2. Auflage: 9.–13. Tausend

Satz: Fotosatz Otto Gutfreund, Darmstadt
Abbildungen: Meyle + Müller, Pforzheim
Druck und Einband: Appl, Wemding
Printed in Germany 1991
ISBN 3-10-042013-6

Inhalt

6 Schlafwagenschlaflied
8 Freudiger Morgen
8 Der Hahn in der Wiese
10 Fund im Walde
11 Juli
11 Vor einem bösen Gewitter
12 Lied entlang dem Ackerrain
14 Ferienfoto
15 Gegenzauber
17 Wohin der Schlaf sich schlafen legt
18 Vereinsamter Garten
20 In der Dämmerung
21 Das alte Haus
22 Der tote Mann
24 Vier Gänse im November
25 Winterlaub
27 Fast ein Gebet
27 Die Sonntagmorgenmeise
28 Freundlicher Gruß
28 Die Bahnhofsspatzen
30 Passau, die Dreiflüssestadt
32 Lauter Lügen
33 Rätsel aus Deutschland
35 Der kleine Gauner
36 Bild mit grauem Hintergrund
38 Jammerlied der Fledermäuse mit Troststrophe
39 Nebelkunde
40 Das Urteil der Weide
42 Vom Hai und vom Wal, die Musik machen wollten
43 Der Wind und das Meer
44 Erste Liebe
45 Raumfahrer
46 Deutsches Gutenachtlied
47 Über Karel Franta und Reiner Kunze
48 Anmerkung

Schlafwagenschlaflied

Das Bett saust auf dem Gleise.
Wir legen uns zur Reise.

Wir schlafen um die Kurve ...
Kurkurve Kurkurve
urur urur ururve
ve ve ve
v v v

Der Wärter schließt die Schranken.
Wir danken, danken, danken!

Wir schlafen durch den Tunnel ...
Tuntunnel Tuntunnel
unun unun ununnel
nel nel nel
n n n

Ein Bett auf Eisenrädern!
Ein Bett mit Eisenfedern!

Wenn Großmutter das wüßte ...
wüßwüßte wüßwüßte
üßüß üßüß üßüßte
ste ste ste
t t t

Wir schlafen durch den Tunnel...
Tuntunnel Tuntunnel
unun unun ununnel
nel nel nel
n n

Freudiger Morgen

Jeder Tag hat sein Gesicht

Sieh auf dem Rasen unter den Bäumen
Schatten und Licht:
Sommersprossengesprenkel

Heute –
heut' kommen die Enkel!

Der Hahn in der Wiese

Der Hahn hat einen Kamm,
mit dem er sich nicht kämmen kann.

Kamm hin, Kamm her – der Hahn ist eitel
und kämmt der Wiese einen Scheitel.

Die hält, wenn sie der Hahn kämmt, still
und trägt das Gras dann, wie sie will.

Fund im Walde

Der Häher ist ein Späher.
Er späht nach dir,
er späht nach mir,
dann schreit er: Hier!,
und jedes Tier
weiß, daß wir kommen.
Sie haben den Häher
als Wächter genommen.

Seine Stimme ist rauh.
Seine Feder ist blau –
schau!

Der Häher ist ein Späher.
Er fliegt vorbei
und stiehlt ein Ei.
Dann schreit er: Dort!
und ist schon fort,
ist unbemerkt entkommen.
Ein Dieb ist der Wächter,
den sie sich genommen.

Der Häher ist schlau.
Seine Feder ist blau –
schau!

Juli

Nun ist es finster
und noch so warm.
Horch – es knackt am Hang!
Dir ist bang?
Es ist der Ginster.
Er spielt Räuber und Gendarm.

Vor einem bösen Gewitter

Der Wind hat sich die Hand verbrannt
am Kupferdach.
Hört, wie er aufheult
und ums Haus eilt!

Der Wind hat sich die Hand verbrannt
beim Rütteln am Dach.
Hört ihr ihn rasen?!
Er bläst auf seine Blasen.

Lied entlang dem Ackerrain

Am Rain, nur am Rain
mag die Wegwarte sein.
  Guten Morgen, ruft sie, schönen,
  himmelblauen Morgen!

Bäuerlein, Bäuerlein,
ackre nicht den Ackerrain
heimlich in den Acker ein,
er gehört nicht dir allein!

Am Rain macht ihr Nest
die Goldammer fest:
  Wie, wie, wie hab ich dich lieb!
  Wie, wie lieb!

Bäuerlein, Bäuerlein,
laß die Hecke Hecke sein,
und die Egge nimm vom Rain,
er gehört nicht dir allein!

Vom Weg bis zum Feld
zählt der Rainfarn sein Geld:
  Fliegengold, Wespensold,
  Schmetterlingsdukaten . . .

Bäuerlein, Bäuerlein,
fahre nicht den Ackerrain
heimlich in die Scheuer ein,
er gehört nicht dir allein!

Zur Nacht stelln am Rain
sich die Glühwürmchen ein.
  Ein Traumrain säume
  unsre Träume!

Ferienfoto

Die Arme – zwei Henkel,
Großmutter ist ein Krug.

Sie ist ein Krug voll Honig.

An jedem Henkel
klebt ein Enkel,
die haben nie genug.

Gegenzauber

Schon wieder hat der Teufel
die Kinder in Lärmkraut verwandelt!
Auf, Großvater, auf –
jetzt heißt es: gehandelt!

Jetzt hilft nur noch eines:
Die Sichel zu schärfen,
das Lärmkraut zu mähn
und es über die linke Schulter zu werfen!

Wohin der Schlaf sich schlafen legt

Wohin der Schlaf sich schlafen legt,
wenn Großvater erwacht?

Am Morgen zwischen die Hörner der Kuh.
Die wiegt ihn ein
beim Wiederkäun,
da fallen ihm die Augen zu.
  Die ganze Nacht
  hat er Träume gebracht:
  vom Rosenbäumelein
  ein Rosenträumelein,
  vom Furchtbaum
  den Furchttraum.

Und nachmittags?

Am Nachmittag, wenn Großvater erwacht,
legt der Schlaf sich schlafen
zu den Hühnern unterm Flieder.
In den Kehlen knarrt es leis,
in den Kuhlen scharrt es leis,
da wird er müd und müder.
  Großvaters Mittagsrast
  trieb den Schlaf zu Eil und Hast:
  vom Aprikosenbäumelein
  ein Aprikosenträumelein,
  vom Irrbaum
  einen Wirrtraum!

Und euer Schlaf? Wohin er sich wohl schlafen legt,
wenn ihr erwacht?

  Die ganze Nacht
  hat er euch Träume gebracht:
  vom Rosen-und vom Aprikosenbäumelein
  ein Rosen-und ein Aprikosenträumelein.

Vereinsamter Garten

Allzusehr hatte sich der kleine Junge
über das Ufer des Weihers gebeugt.

Vielleicht dachte er, die großen schwarzen Fische,
die reglos an der Wasseroberfläche standen,
warteten auf ihn.

Vielleicht auch sah er sie
mit den Flossen winken.

Oder er entdeckte in der Tiefe
einen Jungen, der ihm
ähnelte und

plötzlich beide Arme ihm entgegenstreckte.

Unseliger Augenblick, da die Eltern
ins Haus gegangen waren und das Gartentor
offenstand!

Nun wachsen im Sandkasten
zwei Blätter des Löwenzahns – ein Flügelpaar,
das niemandem gehört.

In der Dämmerung

Wenn Urgroßmutters große Nadeln blitzen,
sieht sie, was sie strickt, nur mit den Fingerspitzen.

Und alle, die sich dann zur Urgroßmutter hocken,
sehen, was die Fingerspitzen sehen: Socken.

Das alte Haus

Das Haus kann sich nicht bücken,
es trägt auf seinem Rücken
den Berg.

Der Berg ist voller Erde
und macht dem Haus Beschwerde.

Doch hilft dem Haus kein Klagen,
es muß die Erde tragen
im Berg.

Der tote Mann

Er ging fort von seinen Augen,
fort von seinem Mund,
ging von seinen Händen fort.

Wohin er ging?
Keiner kennt den Ort,
keiner kehrt zurück von dort.

Wir wissen nicht, wohin wir gehn,
wenn wir Augen, Mund und Hände
hier zurückgelassen haben.

Die uns liebten, werden sie
unter rosa Tausendschön
und Vergißmeinnicht begraben.

Vier Gänse im November

Gestern schien's, als blühten
Gänseblümchen
unterm Weidenbaum.
(Die vier Gänse
zupften Flaum.)

Über Nacht haben die Gänse
die ganze Wiese
mit Federn bestreut.
(Vier Gänse?
Es hat geschneit.)

Winterlaub

Das Baumgerippe hängt voll Krähenlaub.
Im Schwarm fliegt's auf
und kehrt zurück im Schwarm.

Laub, das krächzt
zum Gotterbarm'!

Fast ein Gebet

Wir haben ein Dach
und Brot im Fach
und Wasser im Haus,
da hält man's aus.

Und wir haben es warm
und haben ein Bett.
O Gott, daß doch jeder
das alles hätt'!

Die Sonntagmorgenmeise

Die Meise hat aufs Dach gepickt.
  So?
Die Meise hat mich wachgepickt.
  Und dann?
Dann habe ich mich wachgeblickt.
  Und nun?
Nun bin ich hier.
  Was wirst du tun?
Darf ich ins Bett zu dir?

Freundlicher Gruß

Kindergruß
kommt zufuß,
schwebt dir ins Gemüt;
leichtes Ding,
Schmetterling –
sucht, was in dir blüht.

Die Bahnhofsspatzen

Am Bahnhof steht ein Spatzenbaum,
man sieht den Baum vor Spatzen kaum –
ihr liebster ist's auf Erden.

Dort pfeifen sie und pfeifen sie,
doch niemals eine Melodie –
sie wollen Schaffner werden.

Passau, die Dreiflüssestadt

Für Karl-Ludwig in Chemnitz

Im glockenreichen Passau stehn
die Häuser an drei Flüssen,
wo sie, wenn Regen niedergehn,
den Himmel fürchten müssen.

Donau, Ilz und Inn
tragen ihre Wasser hin.

Durch Tür und Fenster dringen
die Flüsse dann ins Haus,
und ihre Fluten zwingen
Mensch und Tier hinaus.

Donau, Ilz und Inn
wälzen ihre Wasser hin.

Und sinkt die Flut zu Passau,
danken die Glocken von Fluß zu Fluß,
doch kommen und gehn wird das Wasser,
wie es kommen und gehen muß.

Donau, Ilz und Inn
geben ihrem Weg sich hin.
Vereint zu breitem Strom,
ziehn sie zum Schwarzen Meer –
Passaus hoher Dom
blickt wie vom Himmel her.

Donau
Ilz
Inn
1991
ERINNERUNG AN PASSAU

Lauter Lügen

Für Janna und Felix in Köln

Der Kölner Dom
kann nicht in den Himmel kommen:
Er ist auch leer
zu schwer.

Drum wohnt der Himmel,
wenn er auf die Erde kommt,
im Kölner Dom.
Das ärgert Rom.

Weshalb in Köln der Dom
am Bahnhof steht,
von dem nach Rom
der Schnellzug geht.

Rätsel aus Deutschland

Das eine kennt die Oder nicht,
das andre nicht den Main,
und nennt man Main und Oder nicht,
kann's jedes sein.

(Frankfurt)

Großenhain
1
2

Der kleine Gauner

Sie brachten ihn nach Großenhain,
dort lochen sie die Großen ein.
Er sprach, er sei ein Kleiner.
Sie sagten, er sei einer,
und ob er groß sei oder klein,
bestimme man in Großenhain.

Da sagten die in Großenhain:
Was ist denn das für einer?
Was ist das für ein Kleiner?
Was will denn der in Großenhain?
Wir lochen nur die Großen ein,
der ist kein Großenhainer.

Da ließen sie den Gauner frei,
erließen für die Gaunerei
die Strafe ihm in Großenhain.
Dort locht man nur die Großen ein.
Er war ein kleiner Wicht,
und Kleinhain gibt es nicht.

Bild mit grauem Hintergrund

Ein blaues Pferd und ein blaues Klavier
waren gemalt auf graues Papier
und dachten, ach, wie ist
die Umgebung trist.

Und dachten sich auf gelbes Papier –
das blaue Pferd und das blaue Klavier.
So diente die triste Umgebung
der Phantasie zur Belebung.

Jammerlied der Fledermäuse
mit Troststrophe

Fledermaus, Fledermaus,
Flederhund, Flederlaus,
Fledergeist, Flederwisch,
weder Fleisch noch Fisch.

Weder Fleisch noch Fisch,
Fledergeist, Flederwisch,
Flederhund, Flederlaus,
Fledermaus, Fledermaus.

*

Augen matt, Stirnen platt –
Mißgeschöpfe, fürwahr!
Wer aber hat, wer aber hat
in jedem Ohr ein Radar?!

Nebelkunde

Sieben Merksätze
für junge Nebelkrähen

1

Nichts wächst auf dem Nebelfeld,
weil alles durch den Nebel fällt.

2

Nebelschwaden aufzuladen,
ist von Nutzen nicht, noch Schaden.

3

Nebelwände sind am Ende
nie das Ende vom Gelände.

4

Die Nebelbank zu Nichts zerfällt –
die Nebelkrähe aber hält!

5

Nebelkatzen sind nur Fratzen
ungezogner Nebelbatzen!

6

Was ruft von fern das Nebelhorn?
Nebel hinten, Nebel vorn!

7

Die Nebelkrähe, nebelgrau,
weiß mehr als jeder Nebelpfau.

Das Urteil der Weide

Franta malte eine Weide,
die statt Ästen Flöten treibt.
Das macht der Weide keine Freude,
da der Sinn ihr dunkel bleibt.

Eine Weide, spricht sie, hat
Weidenast und Weidenblatt,
und nur wer nicht malen kann,
dichtet Weiden Flöten an.

Vom Hai und vom Wal, die Musik machen wollten

Ein Hai fraß eine Orgel,
die saß ihm in der Gorgel,
die saß ihm in der Gurgel
und klang wie eine Urgel.
Der Wal schlug aufs Klavier,
das klang, als spielten vier.

Da hat der Hai gegurgelt,
die Orgel kam geturkelt,
die Urgel kam getorkelt
und ist auf Grund georgelt.
Der Wal schwamm vom Klavier,
er war zu groß dafür.

Der Wind und das Meer

Das Meer ist ein Acker,
der Acker des Windes.

Der Wind aber sät nicht,
der Wind aber mäht nicht.
Schläft er, dann liegt er,
wacht er, dann pflügt er.

Das Meer ist sein Acker,
der Himmel sein Haus.

Da kommt er heraus,
da geht er hinein.
Da ist er allein.
Da schlummert er ein.

Da ackert im Traum er.
Er ackert das Traummeer.

Erste Liebe

Sprechen mit dem Fahrer
während der Fahrt verboten!
Der Stadtdirektor

Herr Fahrer, Herr Fahrer,
wohin fährt Ihr Bus?

Wohin meine Arme ihn lenken
und Gas ihm gibt mein Fuß.

Herr Fahrer, Herr Fahrer,
lenkt ihn hinaus aus der Stadt!

Ich will aus der Stadt ihn lenken,
weil sie viel Schatten hat.

Herr Fahrer, Herr Fahrer,
der Schatten ist es nicht.

Dann sind es die vielen Menschen
mit dem fremden Gesicht.

Herr Fahrer, Herr Fahrer,
die eine ist es nur.

Die eine, mein Junge, die Feine,
die mit dem andern fuhr?

Herr Fahrer, Herr Fahrer,
wohin bringt mich Ihr Bus?

Er fährt im Kreis das Herzeleid,
das man ertragen muß.

Raumfahrer

Im Weltraum schwebt ein blauer Ball,
der Ball ist unsre Welt.
Die Erde ist ein Ball im All,
der nicht zur Erde fällt.

Im schwarzen Weltraum schwebten wir
verlassen und allein,
schwebte nicht der Himmel mit,
der schöne blaue Schein.

Deutsches Gutenachtlied

Die Wiese ist geschoren,
und hätte sie zwei Ohren,
wäre sie ein Schaf.

Der Sommer hat begonnen
und ist schon halb gewonnen –
im Heuduft kommt der Schlaf.

Und Gras und Wolle wachsen
in Bayern wie in Sachsen
der Wiese und dem Schaf.

Über Karel Franta und Reiner Kunze

Karel Franta wurde 1928 geboren und ist fünf Jahre älter als Reiner Kunze, so daß jeder, der schon rechnen kann, weiß, wie alt beide heute sind.
Karel Franta kam in Prag zur Welt, Reiner Kunze in Oelsnitz im Erzgebirge, und so spricht der eine Tschechisch, der andere Deutsch. Aber seid unbesorgt, sie verstehen einander glänzend, und das nicht nur, weil jeder auch ein wenig die Sprache des anderen spricht, sondern vor allem deshalb, weil beide Bilder und Gedichte mögen.
Karel Franta hat schon viele Kinderbücher illustriert, und seine Bilder werden in aller Welt ausgestellt, und die Bücher, die Reiner Kunze bisher schrieb, wurden in dreißig Sprachen übersetzt.
Der Gedichtband »Wohin der Schlaf sich schlafen legt« ist schon das zweite Kinderbuch von Reiner Kunze, das Karel Franta illustrierte. (Wer von Euch weiß, wie ihr erstes gemeinsames Buch heißt? Der Löwe Leopold. Fast Märchen, fast Geschichten.)
Karel Franta wohnt noch immer in Prag, Reiner Kunze seit längerem in Niederbayern, wo er von seinem Fenster aus die Donau sieht.
Würden beide die Auszeichnungen, die sie in verschiedenen Ländern erhalten haben, zusammenschütten, könnten sie damit bestimmt ein Katzenkörbchen füllen. Aber sie würden das nie tun, weil ihnen die Katze, die vielleicht gerade schlafen möchte, leid täte.

Anmerkung

Das »Jammerlied der Fledermäuse« und das Lied »Vom Hai und vom Wal, die Musik machen wollten« wurden durch Verse von Václav Čtvrtek und Ludvík Aškenazy angeregt.